追求100分不如拿出100%

換個角度發現自己的美好價值

著・齋藤 孝
繪・ニシワキタダシ
譯・李秦

你覺得自己怎麼樣？
你會覺得自己
很沒用嗎？
如果會的話，
請讀一讀這本書，
就不會
這麼想了。

「我一定可以」
「我喜歡做我自己」
這種想法就叫做
自我肯定感。

透過各種挑戰
所產生出的能量
就是自我肯定感。
經過上圖的循環，
人就會有所成長。

獲得自我肯定感之後，
你會覺得每天都很快樂，
也很輕鬆。
最重要的是，
如果你能夠
喜歡自己就會
覺得舒服自在。

但是，事實上生活
並沒有那麼順利。
有時候你會
因為失敗而感到消沉……

有時候
也會覺得
孤獨或不安。

而有時候
你也會
鼓起勇氣
面對挑戰。

不管是什麼時候，
如果能擁有自我肯定感
就不會感到害怕。

有很多方法可以提升自我肯定感。
重要的是你看待事物的方式
以及思考的方式。
但該向誰請教提升自我肯定感的方法呢……？

我們可以向那些比較年長，
且努力生活的人們學習。
因為他們都曾經歷過
許多困境，
同時也認真面對
自己的感受，
最後克服了困難。

這本書是從前人
留下的寶物中，
收集能提升
自我肯定感的話語。
我想這些話語從今以後
都能成為保護你的「護身符」！

就算遭遇失敗，
就算感到迷惘，
也沒關係。
只要翻開書就會看到
充滿自信的話語和
我們都在你的身邊喔！

目次

How to read this book

本書的閱讀方法

話語的解說

這個部分是齋藤老師
以自己的觀點
詮釋右頁的話語。

可以當做護身符的話語

這邊是用優美的文字寫下
可以培養自我肯定感的話語。
試著唸出聲音來吧！

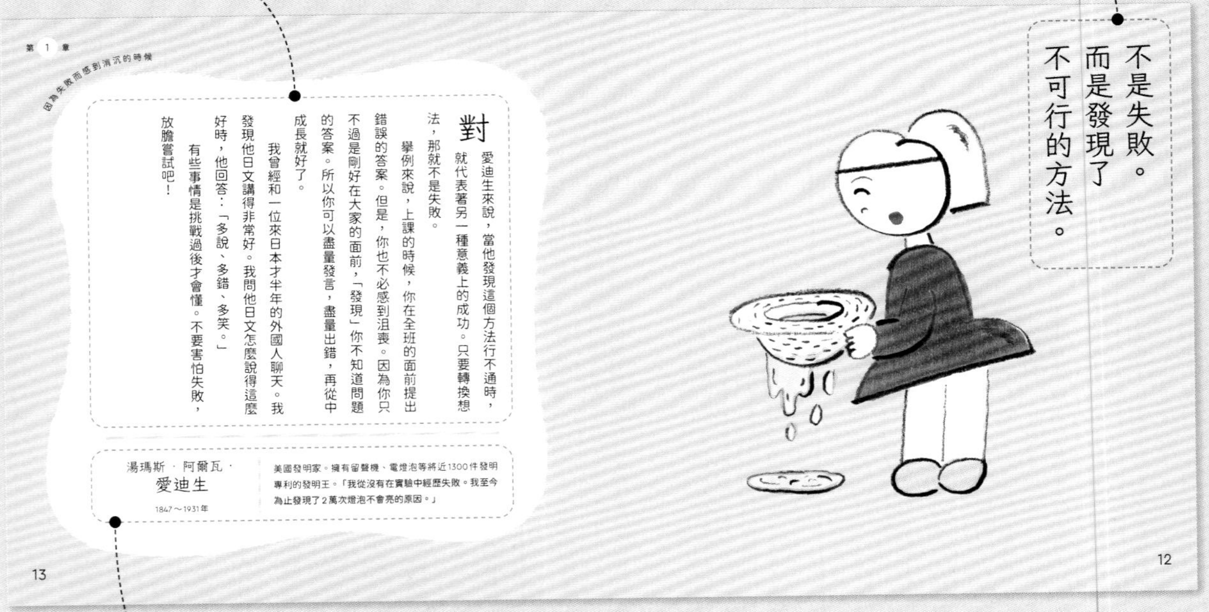

不是失敗。
而是發現了
不可行的方法。

12

第1章
因為失敗而感到消沉的時候

對愛迪生來說，當他發現這個方法行不通時，就代表著另一種意義上的成功。只要轉換想法，那就不是失敗。

舉例來說，上課的時候，你在全班的面前提出錯誤的答案。但是，你也不必感到沮喪。因為你只不過是剛好在大家的面前，「發現」你不知道問題的答案。所以你可以盡量發言，盡量出錯，再從中成長就好了。

我曾經和一位來日本才半年的外國人聊天。我發現他日文講得非常好。我問他日文怎麼說得這麼好時，他回答：「多說、多錯、多笑。」

有些事情是挑戰過後才會懂。不要害怕失敗，放膽嘗試吧！

湯瑪斯・阿爾瓦・
愛迪生
1847～1931年

美國發明家。擁有留聲機、電燈泡等將近1300件發明專利的發明王。「我從沒有在實驗中經歷失敗。我至今為止發現了2萬次燈泡不會亮的原因。」

13

說這句話的人與他的個人檔案

這個人的出生年份與
過世年份，以及他的職業與
擅長的領域等。最後會記載
這句話原本的出處。

第1章

因為失敗而感到消沉的時候

不是失敗。
而是發現了
不可行的方法。

對愛迪生來說，當他發現這個方法行不通時，就代表著另一種意義上的成功。只要轉換想法，那就不是失敗。

舉例來說，上課的時候，你在全班的面前提出錯誤的答案。但是，你也不必感到沮喪。因為你只不過是剛好在大家的面前，「發現」你不知道問題的答案。所以你可以盡量發言，盡量出錯，再從中成長就好了。

我曾經和一位來日本才半年的外國人聊天。我發現他日文講得非常好。我問他日文怎麼說得這麼好時，他回答：「多說、多錯、多笑。」

有些事情是挑戰過後才會懂。不要害怕失敗，放膽嘗試吧！

湯瑪斯．阿爾瓦．
愛迪生

1847～1931年

美國發明家。擁有留聲機、電燈泡等將近1300件發明專利的發明王。「我從沒有在實驗中經歷失敗。我至今為止發現了2萬次燈泡不會亮的原因。」

不應該隨意
向別人發洩
自己煩躁的情緒。

這句話是指我們必須要具備控制自己情緒的能力。

當事情不順利，感到一肚子氣的時候，先做一下深呼吸吧！深深地吸一口氣，再慢慢吐氣，並且在腦中數6秒。當你忍耐6秒之後，憤怒的心情就像洩氣的氣球一樣消氣了。

如果你把你的不滿和氣憤發洩在周圍的人身上，那麼之後也只是讓自己陷入窘境而已。就像是把東西弄亂撒得到處都是，整理起來會很麻煩一樣。

如果你是在生某個人的氣，但也許對方並沒有惡意。你不需要當場就大發雷霆，可以等自己的心情沉澱下來後，再將自己的想法告訴對方。我相信這麼一來就能將自己的心情傳達給對方。

新島八重

1845～1932年

出生於會津藩。教育家。曾在日本紅十字會當護士。遇到丈夫心情不好時，會對他說：「當自己心情不好的時候，不控制情緒而去遷怒他人是很失禮的行為。」

把自我否定的心情

轉換成正能量吧！

學校的成績不好。運動神經很差。不受歡迎。總覺得比不上朋友或兄弟姊妹。你是不是曾經因為覺得自己很沒用，而感到沮喪呢？阿德勒把這種心情稱作「自卑情結」。

我認為自卑情結是「能刺激自己產生動力的能量源頭」。「○○○每次都考的比我好，真不甘心。所以我要更加努力！」，不妨像這樣激勵自己向前看，和自卑情結當好朋友吧！這麼一來，你就會變得更棒更好。只不過，如果你的自卑情結太過沉重，而把心也拖垮的話，那就拋棄它吧！「我比○○○糟糕，我是個沒用的人」，如果你有這樣沉重的自卑情結，那麼你的動力也會消耗殆盡。

除了運動或學習之外，世界上還有千千萬萬種方式可以測量出一個人的長處。所以你也試著找出自己的優點吧！

阿爾弗雷德・
阿德勒

1870～1937年

奧地利的精神科醫生兼心理學家。在學習佛洛伊德的心理學後，提出以個人為對象的心理學說。第一次世界大戰時為陸軍的軍醫。「自卑情節是一個人努力與成功的基礎。」

當你知道
自己的弱點時，
人就會從內心變得強大。

明明想著今天要早點起床，卻還是敵不過睡意……。這種時候是不是會覺得自己意志力很薄弱呢？但是，像這樣願意承認自己軟弱的人，其實才是真正強大的人。

假設你在運動比賽中輸掉了，你會把輸的理由怪罪在「都是因為天氣不好」、「裁判不公平」嗎？「世界上有不可思議的勝利，沒有不可思議的失敗」，就像這句話說的一樣，輸掉比賽一定有它的原因。當你發現自己的缺點時，下次就可以改正，避免犯下同樣的錯誤。但是不懂得反省的人，不論失敗幾次都不會改進。

當你感到失落時，先承認「自己的軟弱」吧。之後再來思考自己想要怎麼做。這個時候，你的心已經積極地面向前方了。

北原白秋

1885～1942年

出生於福岡縣。詩人。本名為隆吉。從中學時代開始便向雜誌投稿自己的短歌與詩。著有詩集《邪宗門》、《回憶》等作品。「打從心裡理解自己的弱點時，人就會從內心變得強大。」

既然已經
下雨了，
不如就說：
「多美好的
一場雨啊！」

有人會因為下雨，變得什麼都不想做，或是感到厭煩。但是哲學家阿蘭卻認為：「下雨可以滋潤乾枯的大地，真是太好了！」你的想法可以決定事物是好或是壞。

有一句話說「塞翁失馬，焉知非福」。有個人因為馬走丟了而相當困擾。但是，不久後那匹馬卻帶著另一匹優秀的馬回來。之後他心想，也許馬走丟反而是一件好事。也就是說，一件事情是好是壞，可能當下並不會知道。

今天下雨所以不能出去玩。這聽起來好像是件壞事，但是也因此可以在家看好多書，或是悠閒的跟家人聊天。不管是什麼樣的事，不妨都帶著好心情，以正向的態度看待。

阿蘭

1868～1951年

法國哲學家。阿蘭是筆名。長年在高中任教，在第一次世界大戰時從軍。追隨笛卡爾與康德的思想。「如果一定要說的話，為什麼不說：『啊啊！真是一場及時雨啊！』」

我從不後悔！

宮本武藏是著名的劍術大師，經歷過無數次的比試卻從未輸過。他曾說：「練習千日，鍛鍊萬日」，告訴大家孜孜不倦「鍛鍊」的重要性。

宮本武藏曾說他會反省，但是從不後悔。反省是指積極地檢討自己「下一次應該怎麼做」，而後悔卻是消極地想著「如果當初不那樣做就好了」。

雖然這麼說，我們一定也有做不好而感到後悔的時候。但是，一直沉浸在後悔之中會不斷消耗我們的能量。宮本武藏不求神問卜，而是經過大量的訓練，相信自己並迎接挑戰。這也有「努力做到問心無愧就不會後悔。相信自己的實力吧」這樣的含義。

宮本武藏

1584～1645年

出生於播磨或是美作。劍術家。發明出獨創的二刀流劍法。與佐佐木小次郎在巖流島一戰最廣為人知。著有兵法書《五輪書》。「我對於做過的事從不後悔。」

如果遇到知道許多事的人，
就聽聽他怎麼說吧！

釋迦牟尼佛曾說：「像犀牛角一樣獨行」，強調自己一個人獨自行走的重要。但是，向相遇的人學習也很重要。

如果你遇到什麼困難，可以向信賴的人求助。如果他能夠告訴你該怎麼做，以及指出你的缺失的話，那就會成為一個很好的指引，幫助自己往正確的道路邁進。

我們可以向經驗豐富的過來人請教。比方說，你可以向鋼琴高手請教：「我在鋼琴發表會上都會很緊張，該怎麼辦才好？」他可能會給你建議，告訴你可以多做深呼吸。

請珍惜會給予你建議，幫你找出缺失的人。

釋迦牟尼佛

西元前463～西元前383年左右

出生於藍毗尼。29歲時出家。35歲時於菩提伽耶開悟，成佛。佛教的創始者。釋迦牟尼。「遇到智者的話就跟隨他吧。」

克服煩惱後
就會得到喜悅！

樂

聖貝多芬曾說：「雖然我們會遇到苦痛，不過一旦克服後，就會感到喜悅。」

對貝多芬來說，他的痛苦在於耳朵聽不見。他雖然能彈鋼琴，卻聽不見樂聲，只能在腦海中創作。當他克服了重重困難，最後終於獲得喜悅的果實。這也是他《第九號交響曲》的主題。這首歌也被稱為《快樂頌》。

我在準備考試時都會反覆播放貝多芬的樂曲。並且在羅曼．羅蘭撰寫的《貝多芬傳》中得到莫大的鼓舞。他讓我可以甩開煩惱，專注在眼前的學習上。最後，考試順利通過了，不過，我在考試結果出來前能夠領悟到：「不管考試合不合格都沒關係」，這才是我得到的最大寶藏。

路德維希．范．
貝多芬

1770～1827年

德國作曲家。鋼琴家。從幼年時期便開始學習鋼琴，在維也納大放異彩。26歲之後聽力開始日漸惡化。創作第五號交響曲《命運》等樂曲。「克服煩惱，到達喜悅！」

這個世界值得我們活下去。

宮崎駿先生想說的是：「這個世界有值得我們活下去的價值。所以希望你能活下去。」如果有人覺得自己沒有才能，所以也沒有任何價值的話，請立刻捨棄這種想法。「我沒有價值所以我想消失」，這是一種很浪費自己的念頭。

這個世界上有許多充滿價值的事物，當你遇見後就會明白。比方說，當你看了吉卜力的電影後，是不是覺得「好感動！還好我有看這部電影」。

把你喜歡的東西都寫在紙上吧！食物、運動、歌手、電影等等，寫什麼都可以。盡量寫下所有你喜歡的東西。這麼一來你就會發現，自己的身邊竟然有這麼多充滿價值的事物，同時也會知道這個世界值得我們活下去。

宮崎駿

1941年～

電影導演。1985年創立吉卜力工作室。曾執導《龍貓》、《天空之城》、《魔法公主》、《神隱少女》等作品。2014年獲頒奧斯卡終身成就獎。「這個世界值得我們活下去。」

怎麼了？
如果你有煩惱的話，
可以說給我聽喔！

第2章

感到孤獨或不安的時候

孤獨的時候，
就是沉思的
最好時機。

我們有時會孤孤單單一個人。朋友們都在遠方，家人也都忙於工作。但是，美輪明宏說要好好珍惜一個人的時間。

只有自己一個人的時候，就是沉思的好機會。一個人的時候你可以讀書。在書裡也可以找到自己的朋友。雖然有真實的朋友陪在自己身邊時很令人開心，但是他們不在時也能夠獲得其他的樂趣，人也會因此成長。

美輪明宏相信有正負法則。看似成功，有如勝利組的人，相對於他的「正」，也會擁有等量的「負」。平凡的人雖然沒有多大的「正」，但也沒有很大的「負」。每個人的「正」與「負」相加的結果都是差不多的。所以不要去羨慕他人，喜歡自己、滿足現況才是最重要的。

美輪明宏

歌手兼演員。1957年發行專輯《Méqué méqué》並熱賣。2016年開始在NHK教育頻道的兒童節目《玩日語》中擔任「美輪SUN」一角。「『孤獨』是深入思考事物，以及變聰明的好時機。」

笑容
比10顆藥
還有療效！

當你內心消沉，感到不安時，比起吃藥，笑一笑會更有用喔！

心理學發現，當你笑的時候，內心也會跟著變開朗。心情好的時候臉上自然會浮現笑容。但是當你傷心難過時也試著讓自己口角上揚的話，心情多多少少也會變好一些。不開心的時候可能會覺得這樣做很怪，但就是這種時候才要刻意讓自己笑一笑。笑容能夠帶給你好心情。

像這樣做個表情、動一動身體都是轉換心情的方法。難過的時候會笑不出來的人可以先試著輕輕跳一跳，轉換心情後再試著做一個笑臉吧。日本有一句諺語是「笑口常開，福必自來」，所以笑容一定可以招來幸福吧！

安妮・法蘭克

1929～1945年

德國出生。日記作者。受德國納粹迫害，約有2年時間與家人躲在荷蘭的密室。名著《安妮日記》就記述了當時的生活。「比起吞10顆藥，發自內心的笑容一定會更有效。」

小說培養我的感性，
教會我對自己感到驕傲。

香奈兒的少女時代不僅孤獨，而且吃了很多苦。母親過世後她進入了孤兒院，在那裡她讀了許多小說。她認為小說讓她理解到自己是一個有價值的人。

在那之後，香奈兒認為「緊緊捆著腰的馬甲以及下襬過長的裙子都會妨礙女性工作」，因此創立服裝品牌，為女性設計便於活動的服裝。

曾有人問她：「妳為什麼如此博學多聞呢？」香奈兒回答：「因為我有看書啊。」讀書可以了解人以及這個世界，所以她很珍惜自己讀書的時光。

書可以讓你了解自己的價值。請大家多讀書，成為有自信的人吧！

可可・香奈兒

1883～1971年

出生於法國。時裝設計師。在孤兒院學習裁縫的技術，之後創立時裝品牌「香奈兒」。「我讀過的小說教會我人生。培養我的感性，教會我對自己感到驕傲。」

每個人都不一樣，每個人都很好。

這句話出自於一首著名的童詩〈我與小鳥與鈴〉。雖然作者金子美鈴的一生充滿勞苦，卻為二十一世紀的我們留下許多富有意義的話語。

有些人喜歡與自己同性別的人，有些人不拘泥於性別，也有人認為自己的性別和與生俱來的性別不同。另外，也有很多人無關乎性別，在職場與家事育兒上大顯身手。我想今後的社會對國籍、人種與年齡等限制將會愈來愈少，逐漸成為一個認同多元價值觀的社會吧！這是一個多樣性的時代。

當朋友或手足對你說：「這樣很奇怪耶」、「一般人不會這樣」時，你可以在心中默念這句話。這麼一來壞心情就會煙消雲散喔！

金子美鈴

1903～1930年

出生於山口縣。童謠詩人。本名為テル（Teru）。作品曾投稿於雜誌上，被詩人西條八十賞識。代表作有〈我與小鳥與鈴〉、〈大漁〉等。「每個人都不一樣，每個人都很好。」

為別人
點一盞燈，
照亮了別人
也照亮了
自己。

黑柳女士參與聯合國兒童基金會的活動，為了世界各地的孩子們奔走。

她會在自己的書中提過，有一次她向生病且貧困的孩子搭話時，那孩子也為她祈福：「祝您幸福。」她覺得很感動，那孩子明明自身難保，卻還是會為他人著想。

我跟黑柳女士說話時也覺得心情會變得很愉快。黑柳女士是一個像太陽一樣溫暖的人，所以她身邊的人也會自然而然地感染到愉快的心情。

就像是俗話說「善有善報」一樣，當你對別人好，有一天福報也會回到自己身上。可以思考看看，有什麼事情是自己可以為身邊的人做的呢？

黑柳徹子

出生於東京都。演員。聯合國兒童基金會親善大使。著有暢銷書《窗口邊的小荳荳》。「為別人點一盞燈，也會照亮自己。為別人所做的事，有一天也會回到自己身上。」

每一株草
都有自己的名字。
它們都在自己
喜歡的地方生長著。

如果把草地上所有的草都概稱為「雜草」的話，你就不會注意到它們的不同之處。實際上，並沒有任何一株草的名字是「雜草」。每一株草都有自己的名字，有自己的特徵。它們都是無可取代的存在。

或者是，我們常常會說「外國人」，但是並沒有誰的名字叫做外國人。每個人都有自己的名字。「外國人都怎樣怎樣……」，當你想把外國人一概而論時，希望你可以想想這句話。問題在於你是否有帶著歧視的想法。

如果這之中包含著歧視的想法，希望你即時回想起來「沒有雜草這種名字」，讓自己不要繼續說下去。每個人都有自己的名字，有自己的人生，並且在自己喜愛的地方生活著。試著找出每個人的「個性」吧！

昭和天皇

1901～1989年

名為裕仁。第124代天皇。在位期間從1926年到1989年。生物學家。「每一種植物都有自己的名字，它們都各自在自己喜歡的地方生長著。」

黑暗
無法阻止
不滅的靈魂前進。

海倫．凱勒眼睛看不見，耳朵聽不見，也沒辦法說話。有一天，她知道了蘇利文老師在她手心上寫下的文字，跟流過她身上的冰冷液體原來是同一件事。那就是水。當她得知每個東西都有名字的瞬間，彷彿一道光射進她的心中。

在如此艱難的條件下，海倫．凱勒閱讀了大量的書籍，甚至還能讀外文書。在大學時，老師在她掌心上寫字，告訴她上課的內容。即使在黑暗之中，她的靈魂仍然不斷往前進。

不安的時候，我們的心情會搖擺不定，也容易感到悲觀。但是即使眼前一片漆黑，黑暗本身並不能阻止我們前進的步伐。當你不畏懼黑暗，那應該就跟在白天走路時是一樣的吧。

海倫・凱勒

1880～1968年

美國教育家、社會福利運動家、作家。幼年時的一場疾病令她失去視力與聽力，因此也沒辦法說話。藉由向家庭教師安・蘇利文學習，成功拿到大學文憑。「黑暗無法阻止不滅靈魂的躍進。」

比起被理解，
我們更應該去理解他人。
比起被愛，
我們更應該去愛人。

「都沒有人可以懂我。我是孤零零的一個人。」

如果你這麼想的話，要不要試著先去想想你自己有試圖去理解別人嗎？當你理解別人後，你就會發現他的長處（他很棒的地方）。當你待在一個很棒的人身邊，是不是也會開始喜歡自己呢？

沒有人對我說他喜歡我。但是，我有喜歡的人，也有對我很重要的人。就算沒有喜歡的人，我也有喜歡的事物。這些都會成為我們活下去的力量。「深愛著某些人事物的自己」和自我肯定感是連結在一起的。

願意去愛、去理解他人的人，因為他們溫暖積極的心，結果也會被別人喜愛，被他人所理解。所以比起想著從別人身上得到評價、得到愛，不妨先試著讓自己成為付出的一方吧！

德蕾莎修女

1910～1997年

天主教的修女。從馬其頓遷往印度傳教。之後建立學校與孤兒院。1979年獲頒諾貝爾和平獎。「比起被理解，我們更應該去理解他人。比起被愛，我們更應該去愛人。」

人生是創造出來的。

以前曾經流行一句話叫做「尋找自我」。人們想要去找尋真正的自己究竟在何方。這並不是什麼壞事。但是，比起執著於「真正的自己」一定存在於某處，不如從現在開始讓自己成為一個自己想成為的人，自己去創造理想的人生。只要有心每個人都能做到。

有個女孩知道自己學校的校舍要拆掉重建後，每天都去工地現場觀察。她覺得建築從無到有的過程十分有趣，也因此立志成為建築師，並且開始學習建築的知識。她從日常生活當中找出自己有興趣的事物，以及自己想成為的樣子，我們可以說她自己創造了自己的人生。

理想的自己並沒有掉在世界上的某個地方，而必須自己去創造。

坂口安吾

1906～1955年

出生於新潟縣。作家、評論家。在東洋大學主修哲學。創立同人誌《言葉》。在第二次世界大戰後以《墮落論》、《白痴》等作品成為流行作家並受到世人矚目。「人生是創造出來的。」

怎麼了？
我可以聽你說喔。

第3章

提起勇氣，想要挑戰的時候

只要有一件
自己擅長的事
就足夠了。

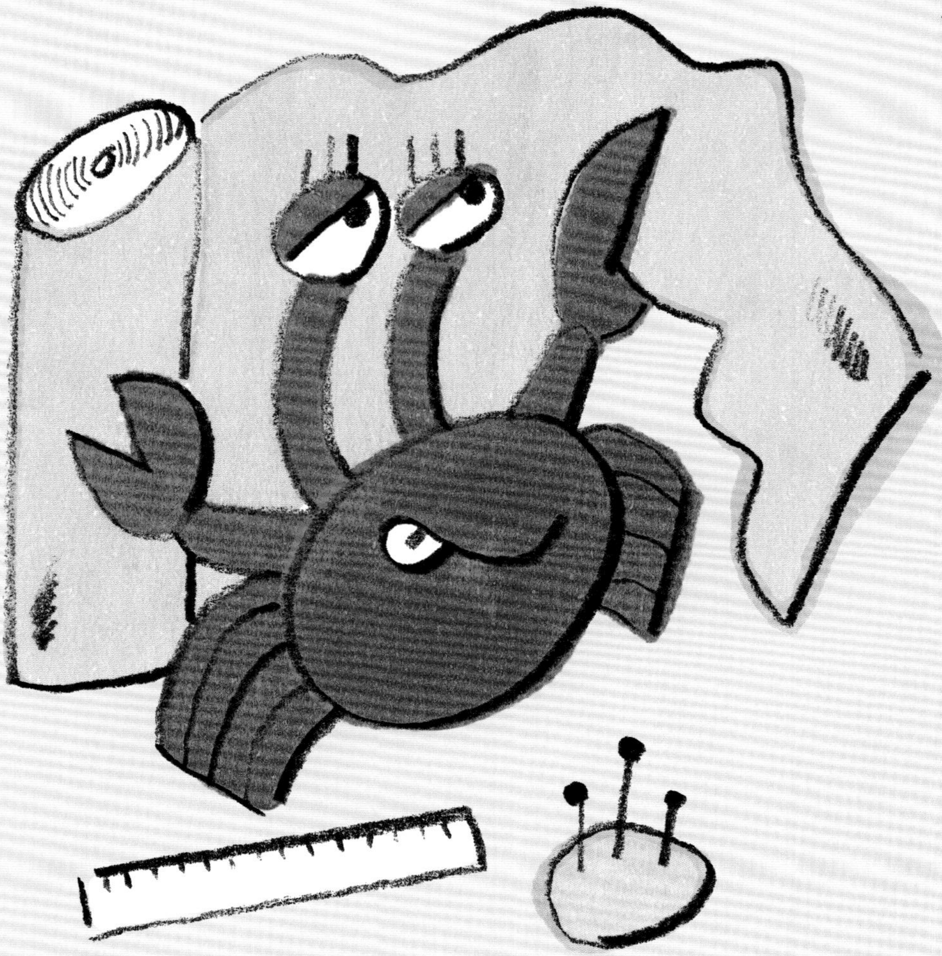

令人感到很不可思議的是，每個人至少都會有一件自己擅長的事。擅長做點心的人可以成為甜點師、對照顧小孩很有一套的人可以成為幼教師，大家都可以在自己擅長的領域大顯身手。大家也一起找出自己擅長的事，並且試著發展自己擅長的領域好嗎？

比方說，寫字很漂亮的人成了學校老師。他在黑板上寫了一手漂亮的板書，學生上課時也會覺得清楚易懂。

如果你不知道自己擅長什麼的話，可以試著回想自己曾經被稱讚過的事。通常擅長的事就是你做起來不會感到疲累的事。如果做的時候還能感受到樂趣，就再好不過了。就算現在還沒有很厲害也沒關係。會彈鋼琴、熟悉火車鐵道或是不論和誰都能打成一片等，有沒有想到什麼是你擅長的呢？

與謝野晶子

1878～1942年

出生於大阪府。詩歌作家。1900年，在詩歌雜誌《明星》上發表短歌作品。出版歌集《亂髮》。著有《新譯源氏物語》等書。「人不論如何，只要能找到適合自己的一技之長並且精進它，那便足矣。」

「喜歡」比「知道」重要。
「樂在其中」比「喜歡」重要。

試著以學校的課程理解這句話吧。我自己是覺得在自然科學課做實驗時，總是有趣又開心。在學習時能夠樂在其中的人，比起只知道科學知識的人，或是還算喜歡科學的人，都會更為深入。孔子說「樂在其中」是最理想的狀態。

以前的我並不喜歡讀書考試。因此我和同學決定要一起合作拿下第一名，我們以玩遊戲的態度面對考試。結果在下一次的考試中我們兩個都得到很高的分數。讀書時如果能感到開心，也比較容易記住書裡的內容。

當你要開始做某件事時，先把它想成是一種遊戲，讓自己放鬆心情。不過，做的時候必須盡全力去做。如此一來，你就會了解什麼是「樂在其中」的感覺了。樂在其中是讓自己進步的最快捷徑。

孔子

西元前552～西元前479年左右

中國春秋時代的思想家、哲學家。《論語》是孔子死後由弟子們編撰而成。「知之者不如好知者，好知者不如樂之者。」

我的前方
沒有道路。
但我的背後
已走出
一條路。

高村光太郎既是詩人也是雕刻家。雕刻家似乎特別能從大自然中得到力量。不走別人鋪好的道路，而是想著自己可以走出一條新的路，並跨出第一步。這種想法很有冒險家精神吧！

在我還是小學生的時候，我和朋友們組成「少年探險團」，我們很喜歡在附近的草叢中開創新路。在沒有路的地方自己開出一條路來，令人感到興奮又好玩。

面對挑戰就像是自己在開闢一條新的道路。原本覺得有可能不適合自己的事，嘗試之後會意外地覺得有趣也說不定。放手去試，等你回過頭去看時，就會了解到「我的背後已走出一條路」。

高村光太郎

1883～1956年

出生於東京都。父親為雕刻家高村光雲。曾就讀東京美術學校（現為東京藝術大學），並前往歐美留學。著有詩集《道程》、《智惠子抄》等。「我的前方沒有道路。但我的背後已走出一條路。」

痛苦的時候，
看向我的背影吧！

這是2008年北京奧運，日本足球隊對上德國隊爭奪銅牌戰時，澤穗希選手向她的隊友說的一句話。

這句話是她預想到面對強敵勢必會陷入苦戰，而當隊友們疲累喪氣時，如果能看著自己永不放棄在場上奮力奔跑的身影也許就能獲得勇氣，所以就向她們說了這句充滿激勵的話。

另一方面，她也透過說出這句話，表示自己有責任要帶領著大家邁進。不僅能振奮自己，也有著直到最後都會奮力一搏的決心。

挑戰勢必會伴隨著失敗。碰壁的時候不妨看一看那些正在面臨苦戰，或是挑戰成功的人的身影。搜尋這些人受訪的影片或是他們寫的書，也許就能從中獲得勇氣，讓自己可以再努力一下。

澤穗希

1978年～

出生於東京都。以日本女子足球代表隊隊長的身分，帶領日本拿下2011年FIFA女子世界盃第一座冠軍獎座，並且以高得分榮獲MVP。2012年倫敦奧運獲得銀牌。「痛苦的時候，看向我的背影吧！」

與其擔心未來，不如認真做好眼前的事。

伊達政宗是日本戰國時代的武將。武將必須思考該怎麼做才能一統天下。先姑且不談明後天的事，但5年後、10年後的事不管怎麼擔心也沒用。

有一句話說「千里之行，始於足下」，不論多遠的路都是一步一步累積起來的。棒球選手鈴木一朗曾說：「我現在該做的事就是揮出下一棒。」必須先專注於下一打席。儘管每個人都會感到迷惘不安，但也不需要去擔心遙遠的將來，而是做好當下自己可以做到的事。

只要做好眼前的事，前方的道路就會為你敞開。不去想成功或者失敗，是贏還是輸，而是集中在「當下」，全力以赴面對眼前的挑戰。

伊達政宗

1567～1636年

原先致力於擴張領土，最後還是臣服於豐臣秀吉。關原之戰後依附於德川家康。幼年時期因天花導致右眼失明，日後被稱作「獨眼龍」。「與其擔心不可知的將來，不如著重於眼前的事物。」

我不會放過
任何一個
微小的機會。
它有可能會發芽，
也會生根。

現在醫院裡會有護理師這個職業，都要歸功於南丁格爾。因為有她，大家生病受傷時才有人照料。南丁格爾撿起一顆名為「護理」的種子後，我們看到它已在全世界孕育茁壯。

我希望你可以不要錯過任何認識新朋友的機會。我自己在年過三十之後還是沒有穩定的工作，也為此感到煩惱。有一次在跟以前的朋友聚會時，學長告訴我明治大學現在正在招聘新老師。我也因此成為了大學教授，人生有了很大的轉變。

我希望大家也不要先預設「去了也沒有幫助」、「做這件事不會有什麼幫助」，有時候也可以試著撿起腳下名為「機會」的種子。也許這顆小小的種子在日後會開花結果也不一定。

佛蘿倫絲・
南丁格爾
1820～1910年

英國的護理師。為近代護理打下基礎。「不管多麼微小，我都不會錯過這些必須實際去做的機會。因為這些機會有可能會發芽，堅韌地向大地扎根。」

追求100分，
不如拿出100%！

YOASOBI是一個音樂組合，ikura是主唱。他們登上紅白歌合戰的舞台，第一次在電視上演唱《向夜晚奔去》這首歌曲。想當然耳，勢必承受了極大的壓力。在演出結束後，有人問ikura演出的感想，而她回答：「雖然沒有到100分，但我有自信那是100%的演唱。」

臨場時要能夠拿出100%的全力必須經過不斷的練習。據說ikura在紅白歌合戰之前，已經練習到最極致了。她說，練習時必須想著表演如果失敗，那就是代表自己的實力只有這樣而已。

最重要的是在正式演出前的這段路程。必須一點一滴好好準備才能做到無悔的程度。我想這個過程一定會感到不安。所以我們的目標並不是追求100分，而是在正式上場時可以發揮出自己100%的實力。

ikura

2000年～

出生於東京都。歌手。在「將小說化作音樂的組合」YOASOBI中擔任主唱。「我不是想著要追求100分，而是100%從開始到結束持續用盡全力。」

不論什麼事
要能夠開花結果
也許都需要
耗費很長的時間。

願意去嘗試挑戰是一件很棒的事情。不過，一旦時間拉長，心情就會焦急起來。但是請記得，想要成長並達成目標，幾乎都要花上很長的時間。

比方說，要成為一名醫生的話，在小學、國中、高中時都必須認真唸書，才能考進大學醫學院。然後進醫學系努力6年，之後要通過國家考試，接著還得進行2年的訓練。成為一名醫生就是需要耗費這麼長的時間。

需要花上大把的時間，卻還是能夠堅持不懈的人真的很了不起。也許你會在中途懷疑自己繼續下去到底能得到什麼。所以為了讓自己堅持下去，必須適時做一些喜歡的事讓自己可以喘口氣。有些果實只給那些有毅力、堅持到底的人。

朵貝・楊笙

1914～2001年

出生於芬蘭。畫家、兒童文學作家。在第二次世界大戰中創作《嚕嚕米》系列作品。這句名言出自嚕嚕米媽媽的話。「不論什麼事，要做到開花結果或許都需要耗費很長的時間呢。」

別人怎麼說
都沒關係。
只有我自己最知道
我做了什麼。

「這你做不到啦」、「絕對不可能會成功的」，周圍的人常常會有一些負面的意見。但是，愛說三道四的人就讓他們去說吧！自己在做的事情以及這件事的價值，只要自己知道就好了。

坂本龍馬是很受歡迎的歷史人物。因為他個性豪放不羈，甚至是個會說出「我要將日本重新洗過一遍」的有趣人物。龍馬在脫離土佐藩，為了日本而展開行動時，遭受周圍的人大肆批評。但是，他不在乎。他知道自己要做的事情有價值，所以才能保持堅定的心。

在一路走來的人生當中，我從不期待別人幫我按「讚」，因為我選擇了自己要走的路，所以只要自己給自己很多的「讚」那就夠了。

坂本龍馬

1836～1867年

出生於土佐藩的志士。在江戶時代末期從土佐藩脫藩。組織龜山社中（後改為海援隊）。致力於締結薩長同盟與大政奉還。「我才不管世人怎麼說。只要我知道自己該做的事就好。」

我最大的勝利就是與自己共處。

有時候即使勇於挑戰，結果也不盡人意。有時候會在過程中發現自己的缺點而氣餒。但是即使在這種時候，也要站在自己這一邊。能夠和自己好好相處的人，不論做什麼事情都會感到快樂。自己能夠得到滿足才是最重要的事。這是提升自我肯定感最重要的部分。

我以前曾經歷過許多不好的回憶。但現在卻能成為大學教授、能寫書，還有機會上電視。我會想：「走到今天這一步，也許有其他更輕鬆的路也不一定，但我覺得現在的人生也很好」。如果我沒有經歷過痛苦，也就不會有現在的我了。

有理想跟夢想是很棒的一件事。如果還能接受真實的自己，那就更好了。

奧黛麗・赫本

1929～1993年

出生於比利時。演員。主演《羅馬假期》等電影。1989年擔任聯合國兒童基金會親善大使。「我最大的勝利就是與自己共處，並且能夠接受自己的缺點。」

插畫：ニシワキタダシ
編輯協力：船木妙子
設計：尾崎行欧、安井彩
（尾崎行欧設計事務所）
DTP：丹代裕太、鈴木らな
（ROYAL企劃）

追求100分，不如拿出100%

換個角度發現自己的美好價值

2022年10月1日初版第一刷發行

著　　者　齋藤孝
譯　　者　李秦
副 主 編　劉皓如
美術編輯　黃瀞瑢
發 行 人　南部裕
發 行 所　台灣東販股份有限公司
＜地址＞台北市南京東路4段130號2F-1
＜電話＞(02) 2577-8878
＜傳真＞(02) 2577-8896
＜網址＞http://www.tohan.com.tw
郵撥帳號　1405049-4
法律顧問　蕭雄淋律師
總 經 銷　聯合發行股份有限公司
＜電話＞(02) 2917-8022

TOHAN

國家圖書館出版品預行編目(CIP)資料

追求100分，不如拿出100%：換個角度發現自己的美好價值／齋藤孝著；ニシワキタダシ繪；李秦譯. -- 初版. -- 臺北市：臺灣東販股份有限公司，2022.10
72面；19×19公分
ISBN 978-626-329-464-6(平裝)

1.CST: 自我肯定 2.CST: 格言

192.8　　111013961

著 齋藤孝

東京大學法學部畢業。
曾研修東京大學研究所教育學研究科博士課程，現為明治大學文學系教授。
專攻教育學、身體論與溝通論。
著有《讓人想唸出聲音的日本語》（草思社）、
《小學生會想知道的教養366》（小學館）、
《十歲的任務 能陪伴你一生的31個行動》（幻冬舍）等等。（書名皆暫譯）
為NHK教育頻道《玩日語》的綜合指導。

參考文獻

P13《改變時代的科學家名言》藤嶋昭編著（東京書籍）
P15《新島八重 愛與戰鬥的生涯》吉海直人著（角川選書）
P17《個人心理學講義 生活的科學──阿德勒精選》阿爾弗雷德·阿德勒著　岸見一郎譯（ARTE）
P19《洗心雜話》北原白秋著（ARS）
P21《幸福論》阿蘭著　神谷幹夫譯（岩波文庫）
P23《五輪書》宮本武藏著　渡邊一郎校注（岩波文庫）
P25《佛陀真理之言・感興之言》中村元譯（岩波文庫）
P27《貝多芬的生涯》羅曼・羅蘭著　片山敏彥譯（岩波文庫）
P33《花言葉》美輪明宏著（PARCO出版）
P35《增補新訂版 安妮日記》安妮・法蘭克著　深町真理子譯（文春文庫）
P37《香奈兒──談人生》保羅・莫朗著　山田登世子譯（中央公論新社）
P39《金子美鈴豆文庫 全部都想喜歡》金子美鈴著（JULA出版局）
P43《宮中侍從物語》入江相政編（TBS-BRITANNICA）
P45《我的一生》海倫・凱勒著　岩橋武夫譯（角川文庫）
P47《德蕾莎修女 愛的軌跡〈增補改訂版〉》納文・曹拉著　三代川律子譯（日本教文社）
P49《坂口安吾全集15》坂口安吾著（筑摩文庫）
P53《人間禮拜》與謝野晶子著（天佑社）
P55《論語》齋藤孝譯（筑摩文庫）
P57《日本的詩歌10 高村光太郎》高村光太郎著（中央公論社）
P59《金牌選手的話為什麼會舞動人心？》青島健太著（FOREST出版）
P61《名將言行錄 現代語譯》岡谷繁實著（講談社學術文庫）
P63《南丁格爾的生涯與思想III》愛德華・庫克著　中村妙子、友枝久美子譯（時空出版）
P67《嚕嚕米全集〔新版〕7 嚕嚕米爸爸去海邊》朵貝・楊笙著　小野寺百合子譯（講談社）
P69《龍馬的信》宮地佐一郎著（講談社學術文庫）
P71《奧黛麗赫本物語（下）》貝瑞・巴利斯著　永井淳譯（集英社文庫）
※日文書名皆暫譯